CRÉDIT LOCATIF DE PARIS

CAISSE DES LOYERS

PARIS

IMPRIMERIE CENTRALE DES CHEMINS DE FER

A. CHAIX ET Cie

RUE BERGÈRE, 20, PRÈS DU BOULEVARD MONTMARTRE

1871

CRÉDIT LOCATIF DE PARIS

CAISSE DES LOYERS

§

Le *Droit commun*, établi par nos codes, conformément aux principes fondamentaux des sociétés, comprend toutes les règles de justice et d'équité applicables, à défaut d'arrangements amiables, aux nombreuses et délicates situations particulières que l'investissement de Paris a produites, au sujet des loyers échus depuis la perpétration de la violation prussienne.

Tout a été dit et publié, à cet égard, dans les clubs, dans les journaux, dans les brochures. On a émis toute sorte de théories de circonstance, inspirées plus par des considérations politiques que par l'esprit économique, en traitant cette « question des loyers » isolément, au lieu de l'envisager sous son véritable jour, comme étant le sujet de l'une des profondes souffrances financières qui nous accablent.

On a fait des catégories de propriétaires, petits, moyens et grands, et de propriétés hypothéquées plus ou moins, et non hypothéquées ; on a établi des classes de locataires, ouvriers, bourgeois, commerçants et industriels, avec des subdivisions de rentiers et employés, et de négociants ayant ou n'ayant pas profité des travaux de la « défense » ou de l'exploitation du rationnement alimentaire. On a demandé, pour les uns, des réductions diverses, pour d'autres, la suppression totale de la dette, et pour certains, la résiliation pure et simple des baux. Quelques esprits forts, se prétendant de *vrais socialistes*, en remettant à l'Etat le soin de tout faire, ont demandé qu'il prît à sa charge le loyer des locataires, tous employés par le Gouvernement à la défense de la Patrie ; de plus fantaisistes ont réclamé l'intervention de l'autorité supérieure, pour réduire à néant les scandaleuses exigences de cette indigne race des *propriétaires*. D'autres, moins mal inspirés, n'ont trouvé rien de mieux à faire que d'imposer à la Ville de Paris les *avances* nécessaires, qui seraient fournies soit au locataire débiteur, soit au propriétaire créancier. Pour n'oublier personne, on a aussi pensé à la Banque de France et au Crédit foncier de France, dont le concours ne manquerait pas d'être utile. Et tant d'autres aberrations de cerveaux plus passionnés que réfléchis, ou plus intéressés que logiques, et où l'on a vu souvent apparaître, plus ou moins habilement déguisé, le sentiment détestable de la provocation à la lutte odieuse de celui qui ne possède pas contre celui qui possède.

Et chacun, dans tous les cas, demandait, bien entendu, au Gouvernement provisoire de décréter ou de légiférer selon sa prétention.

Toutes ces divagations, toutes ces inanités sont justifiées, dit-on, par la force majeure résultant de la guerre.

D'abord, le cas de force majeure résultant de l'état de guerre est loin d'être absolu. « En général, la force majeure » a pour effet de **relever des déchéances ou nullités** encou-» rues faute d'avoir rempli certaines formalités dans les délais » prescrits par la loi, » et « l'application, selon les cas et » circonstances, en appartient à la prudence des juges. » Tels sont les principes consacrés par le Conseil d'État et la Cour de cassation.

Mais examinons et faisons ici une observation personnelle. Si, d'après le droit public, formulé déjà dans le droit romain, où nous avons puisé la plupart de nos principes de justice et de morale, « un assaut de voleurs, » « une invasion de pirates, » constituent absolument, du fait de l'homme, le *casus fortuitus*, la *vis major* que les Grecs appelaient *vis divina*, pouvons-nous, rationnellement, logiquement, dans notre temps et dans notre société, soutenir que *la guerre* ou *l'invasion de l'ennemi* est un *cas fortuit*, une *force majeure*, pouvant avoir, à Paris surtout, d'autres effets juridiques, par rapport aux débiteurs, que la *suspension des échéances?*

Comment ! chez nos nations européennes, la plus grave occupation de nos puissants souverains est, au grand jour et même avec ostentation, d'augmenter toujours leurs armées, de perfectionner les engins de destruction, d'entretenir à grands frais le hideux espionnage diplomatique et même intime ; — le plus grand empressement des humbles, obéissants, dévoués et fidèles sujets est de vénérer et bénir Leurs Majestés magnanimes ; de fournir, avec autant d'ardeur que de générosité, les plus purs des fruits de leur labeur, pour satisfaire les caprices glorieux de leurs doux et chers princes ; — de tous côtés et par la foi de ces grandes œuvres *nationales*, on ne chante que chevalerie et victoire, progrès et civilisation !

Disons donc, au contraire, et consciencieusement, que l'état de guerre est l'état permanent, mais horrible, de nos nations *civilisées*, et que chaque sujet concourt sciemment et constamment à son maintien. Ajoutons que, tant que les peuples professeront, les armes à la main, — et avec les Krupps, les chassepots et les mitrailleuses, — la sublime loi chrétienne de la *Fraternité universelle*, — les ruines comme les douleurs, la honte réelle ou la prétendue gloire de la *guerre* ne

seront, naturellement, que choses non-seulement *prévues*,
mais encore aussi laborieusement que malheureusement *pré-
parées* et *combinées* (*).

Ainsi, quand, un jour ou l'autre, mais inévitablement,
arrive la *guerre pratique*, après un temps plus ou moins
long de *guerre expectante* ; — et partout où passe la masse
du cortége sauvage des *héros civilisateurs*, — la *vie civile*
est, dès lors, *suspendue* jusqu'à la paix ; — car, de temps en
temps, après la guerre, ces *humains* font des « traités de paix. »

Mais, ces *faits du prince*, — pour employer le langage du
droit, — ne sauraient avoir d'effet rétroactif. La loi du pays
envahi reste immuable dans son principe ; l'invasion et l'investissement ne peuvent, nous le répétons, qu'en **suspendre**
l'exécution, notamment quant aux échéances.

En décider autrement, ce serait tomber dans l'arbitraire,
l'anarchie, le chaos.

C'est donc avec sagesse et, d'ailleurs, avec patriotisme que,
selon ces principes essentiels de vérité et de justice, aucun
créancier **n'exige rien** de son débiteur ; de même que le
Gouvernement de la défense nationale a décrété la **seule
prorogation des échéances** des termes de loyer et des effets
de commerce.

Pour la dette elle-même, à l'expiration de l'atermoiement,
tant consenti que décrété, elle reste, bien entendu, soumise
aux conventions, à la loi, au *droit commun*.

(*) Pendant que ces pages étaient à l'impression, le Tribunal civil de la Seine
(3e chambre) rendait, le 9 février 1871, conformément à la plaidoirie de Me Rousse,
avocat, bâtonnier de l'Ordre, un jugement consacrant notre opinion sur la *force
majeure* non opposable par le locataires, — par ces motifs, notamment que :
« .. .. *L'éventualité de la guerre rentre au nombre de celles dont un spéculateur
» prudent doit,* EN TOUT TEMPS, *se préoccuper.....; —* et que, : « *L'état d'investissement
» est, lorsqu'il s'agit d'une ville assiégée, et en thèse générale, la conséquence directe
» et naturelle de l'état de guerre..... »

§

Le logement, avec le vêtement et la nourriture, constituent matériellement les premières nécessités de l'existence.

La nourriture, qui est une nécessité au moins quotidienne, — et qui ne peut pas même être retardée, — n'est fournie que contre paiement ou en échange d'une valeur équivalente convenue; il en est généralement de même du vêtement. Au moins, jusqu'à présent, personne n'a encore sérieusement élevé de prétention contraire. Peut-il en être autrement du logement?

Mais, cependant, il y a des pauvres! — Oui, hélas!

Qu'aux pauvres, donc, — puisqu'il y a lieu d'employer encore ce mot douloureux, que nous voudrions rayer du dictionnaire français, — le Gouvernement, c'est-à-dire la Nation, fournisse, gratuitement et fraternellement, l'alimentation, l'habillement et l'habitation; c'est un devoir, et un devoir de la nature, qui doit être accompli dans la plus large mesure, au moyen des ressources publiques.

Si la guerre expectante, — que l'on décore du nom perfide de *paix armée*, — appauvrit les nations et arrête leur développement physique et moral, la guerre effective produit, à son tour, de navrantes misères, qui constituent de nouvelles charges publiques : c'est à l'impôt, réparti sur chacun selon son avoir, de quelque nature qu'il soit, à y pourvoir.

§

Voyons donc notre sujet en face.

Après la guerre, il faudra compter l'arriéré, celui des loyers aussi bien que celui des lettres de change et des billets à ordre.

Nous ne devons pas perdre de vue que les loyers concernent, tout à la fois, les locataires, les propriétaires, les créanciers et une nombreuse succession d'autres intéressés à toute sorte de titres.

N'oublions pas non plus qu'il s'agit de prévenir de nombreux désastres, dont les moindres accidents pourraient être des saisies ou des exécutions de toute nature ; des liquidations, des déconfitures et des faillites ; une dépréciation sans mesure de toutes les valeurs mobilières et immobilières, et des titres de toute espèce qui reposent sur ces valeurs, et mille autres désordres consécutifs ; bref, d'incalculables ruines et une perturbation générale.

Nous nous empressons de dire que, toutes les fois qu'ils seront possibles, tous actes de bonne volonté et de rapprochement, toutes transactions équitables et consciencieuses, seront louables à tous égards, et d'autant plus qu'ils laisseront intacts les principes essentiels de la loi et de la justice.

Ce dont il s'agit, c'est donc de favoriser et de faciliter ces actes, et, en même temps, d'ouvrir, à leur défaut, une issue honorable et efficace, pour le jour où nos portes ne seront plus fermées à la grande circulation qui part de Paris pour se répandre dans le monde entier ; et d'assurer ainsi la sécurité indispensable au libre mouvement dont l'expansion, si rudement contenue, débordera alors, et qui sera d'autant plus actif et réparateur, que sera préalablement et effectivement résolue cette importante question des loyers, qui est un point si grave, surtout lorsqu'il s'agit de crédit commercial.

§

D'abord, laissons l'État et la Ville de Paris à leurs affaires, qui seront assez lourdes ; secouons toutes ces tutelles que nous avons eu la déplorable habitude de toujours rechercher. Ne nous laissons plus conduire en écoliers, ni entraîner comme les moutons de Panurge !

Une ère nouvelle commence; profitons-en pour affirmer notre affranchissement, et faisons nous-mêmes nos affaires particulières, avec énergie et virilité, et en citoyens majeurs et libres. Cherchons le pansement à nos blessures, et portons, avec la rigueur du chirurgien, le fer dans la plaie. Raisonnons, travaillons et agissons dans la mesure de notre intelligence et de nos forces. Ainsi, nous nous sauverons!

C'est dans nos institutions civiles et dans nos mœurs économiques que nous devons chercher, sans violence et avec confiance, la solution de la « question des loyers », c'est-à-dire une combinaison financière qui satisfasse, à la fois, locataires, propriétaires, créanciers et tous les autres intéressés.

Or, tous les rapports sociaux s'expriment et se traduisent nécessairement par l'effet du fonctionnement simultané de ces deux grands générateurs de la vie spéculative : l'**échange** et le **crédit**, alimentés par une *circulation fiduciaire*, réellement représentative.

Ces lois fondamentales de l'économie sociale nous fournissent la source de notre système de protection et de conciliation des graves intérêts divers dont il s'agit.

Ce sera, toutefois, avec grand profit que — ne serait-ce que pour nous servir de repère et de point de comparaison, — nous consulterons les agissements de nos deux principaux établissements de crédit, la Banque de France et le Crédit foncier de France. En effet, nous voyons :

Que la Banque de France, ouverte aux opérations commerciales, recueille, dans ses caves fameuses, des métaux précieux, et escompte des valeurs représentatives de marchandises; et que l'une de ses opérations fondamentales est *l'émission de billets au porteur*, payables à vue, sans intérêts, et garantis par l'encaisse métallique et le portefeuille;

Que le Crédit foncier de France, ouvert aux opérations civiles, a pour objet de faire des prêts hypothécaires et de créer des *obligations foncières* ou *lettres de gage, au porteur,* « pour une valeur qui ne peut dépasser le montant des sommes dues par l'emprunteur. »

C'est à dessein que nous ne rappelons que ces deux institutions de crédit, sans parler d'autres, qui sont également considérables, parce que celles-là existent sous l'égide de lois qui sont spéciales à chacune d'elles et qui ont entouré de garanties importantes leur *émission de monnaie fiduciaire, au porteur.*

Or, si le billet de la Banque de France est tant bien que mal garanti, grâce aux priviléges dont jouit cet établissement, et bien que la nécessité de son *cours forcé,* que nous ne saurions blâmer, s'est fait sentir à chacune de nos révolutions de 1848 et de 1870, et si l'*obligation foncière* ou *lettre de gage* n'est que justement le duplicata des titres de prêts, examinons maintenant la garantie affectée au *loyer.*

La garantie du *loyer* est multiple ; tout le monde en connaît l'importance. — Outre la solvabilité personnelle et l'honorabilité du locataire, un privilége spécial en assure le paiement sur le mobilier garnissant les lieux loués, et, dans de nombreux cas, sur des marchandises en plus ou moins grande quantité, sans compter les six mois d'avance qui ont été payés dans presque toutes les locations à bail ; le tout formant une importance de quatre, dix et vingt fois celle de la dette.

Le loyer est donc une valeur de premier ordre et que l'on peut, sans contredit, par rapport à tous les locataires estimables, qui forment le plus grand nombre, compter comme au moins égale, si ce n'est supérieure, au billet de banque et à l'obligation foncière ou lettre de gage, dont la garantie a, du reste, beaucoup d'analogies avec celle du loyer.

§

Comme moyen de réparer les maux soufferts et de rétablir de nombreuses situations désorganisées par l'investissement de Paris, que demande le débiteur laborieux et honnête ? Du temps et du crédit. — Qu'offre - t-il à l'appui ? Cette valeur-loyer, qui est, pour ainsi dire, immobilisée ou à l'état de métal brut, dont la circulation est actuellement et momentanément impraticable.—De son côté, que peut demander le propriétaire? La disponibilité de cette même valeur-loyer. — Il faut bien nettement et franchement le reconnaître : **Toute la question est là.**

De cette valeur *immobilisée*, de cette masse de *métal immatériel* (qu'on nous excuse cette antinomie de mots), enfin, de notre *valeur-loyer*, faisons-en donc, pour un certain temps, l'*échange* contre une *monnaie de crédit*, des *bons au porteur représentatifs*, dont le contre-échange s'opérera, au plus tard, à l'expiration du terme, relativement peu éloigné, de leur durée.

§

Pour réaliser notre combinaison, nous constituons une association de notabilités, — financiers et économistes, commerçants et industriels, — dont l'honorabilité et les aptitudes sont de notoriété publique.

Cette association fonde, à Paris, un établissement de crédit spécial, d'après les bases suivantes, savoir :

I. — La dénomination sociale est :

CRÉDIT LOCATIF DE PARIS. — Caisse des Loyers.

II. — Les opérations de la Société ont, rigoureusement, pour objet unique le règlement des loyers arriérés du siége. Elles consistent, à cet effet :

1° En l'ouverture de *crédits* aux locataires qui en font la demande justifiée, sous la garantie de tous les droits attachés aux loyers seulement qui y donnent lieu; la Société est subrogée, purement et simplement, dans ces droits, par le propriétaire, qui consent cette subrogation limitative, sans responsabilité personnelle et avec la seule antériorité, bien entendu, sur ses droits relatifs aux loyers postérieurs ;

2° En l'émission de *Bons de loyer, au porteur,* pour une somme exactement correspondante à celle des crédits ouverts.

III. — La Société a un capital de garantie important.

IV. — La durée, soit de deux ou quatre années, et les conditions, peu onéreuses, de l'ouverture des crédits, notamment, leurs intérêts et leur recouvrement, par fractions trimestrielles consécutives représentées, dès l'origine, par des valeurs non négociables, à échéances de trois en trois mois, avec renouvellement facultatif et d'accord ; — l'émission et la circulation, en coupures courantes, des Bons de loyer au porteur, et leur extinction par tirages au sort, corrélatifs aux remboursements des valeurs trimestrielles, avec un bénéfice comprenant les intérêts produits par ces valeurs ; — l'administration de la Société et le contrôle sérieux de ses opérations — sont déterminés par les statuts et des règlements.

V. — Le caractère essentiel des opérations de la Société étant civil, la juridiction civile sera seule compétente pour connaître de toutes contestations.

§

Convaincu que, selon l'esprit sincèrement démocratique, et, d'ailleurs, d'après les vrais principes sociaux, chacun se doit à tous comme à soi-même, c'est animé de ce sentiment que nous offrons au public ce résultat de nos réflexions sur la « question des loyers », — avec l'espérance que l'on y trouvera, au moins, notre ardent désir du bien dans l'intérêt général.

G. MARC,
46, rue de Provence.

Paris, ce 8 février 1871.

OBSERVATIONS ET OBJECTIONS

§. — Dans notre projet, où nous avons pris sur le fait le mal auquel nous voulons porter remède, nous n'avons pas cru devoir nous arrêter aux grandes questions théoriques, et souvent politiques, de la *représentation monétaire*, ni des divers systèmes de l'*unité*, de la *pluralité* ou de la *liberté* des banques d'émission de *monnaie fiduciaire*.

Que le système de l'unité triomphe en France, avec un puissant monopole et sous la main du Gouvernement; que celui d'une pluralité et d'une liberté relatives soit pratiqué dans la Grande-Bretagne; qu'aux États-Unis d'Amérique, après avoir usé de la liberté sans limites, aucune banque ne puisse émettre que des billets fabriqués par les soins de l'État; que l'intelligente Belgique, par un prudent éclectisme, évite les fautes et recueille les fruits des expériences de toutes les grandes nations; — ce qui est démontré et désormais affirmé définitivement, c'est que « le papier de banque, » sous toutes ses formes, peut remplacer et remplace avantageusement le » numéraire, » à la condition qu'il soit « une promesse formelle et toujours » remplie de payer du numéraire à un moment donné, soit immédiatement » et à vue, soit à une date déterminée. »

De ce principe, ressort évidemment le droit *naturel*, reconnu par les jurisconsultes comme par les économistes, d'émettre toute espèce de *promesses de payer*, toute sorte d'engagements, pour quiconque, capable de contracter légalement une obligation, a su mériter la confiance de ses concitoyens.

De là, sans doute, la supériorité du billet payable à vue et au porteur, qui a été créé par les grandes banques d'émission ayant la confiance publique, et qui a obtenu seul, et comme par excellence, le nom de *billet de banque*, circulant ainsi sans examen ni contrôle du public. — C'est encore par la même raison, et par la force des choses, qu'ont été facilement, bien que quelquefois trop légèrement, accueillis dans nos mœurs économiques

les innombrables titres divers d'*obligations* et d'*actions* créés par les compa-
gnies financières et industrielles, d'utilité publique ou d'intérêt privé ; —
titres également au porteur, mais produisant intérêts, remboursables à certaines époques, et circulant selon le cours dont ils jouissent à la Bourse et
sur les marchés.

Il faut bien, cependant, prendre garde de confondre le papier de banque
sérieux avec le *papier-monnaie* et l'*assignat*, qui ne sont que de déplorables
expédients financiers de gouvernements aux abois ; ou avec ces *titres*
illusoires qui ne reposent que sur des garanties perfidement chimériques,
comme, dans ces derniers temps, nous en avons vu produire sous le nom
attrayant d'*obligations hypothécaires*, sur des immeubles dont la valeur,
publiquement affirmée, n'existait que dans l'imagination spoliatrice de leurs
audacieux promoteurs.

Le papier de circulation étant donc le représentant de la monnaie métallique, — laquelle est l'équivalent universel, — si la valeur du *billet de
banque*, qui est basée principalement sur les effets de commerce, et qui
n'est, en général, que dans le rapport, non limité du reste, du tiers entre
la circulation et le fonds en lingots et espèces, — si cette valeur est justement admise comme ne présentant aucun péril ni danger, — nous soute-
nons, avec la plus profonde conviction, que les *loyers des maisons de ville*,
dont l'ensemble est fidèlement payé à des échéances fixes et rapprochées,
de la même durée que celles de la généralité des billets à ordre, offrent,
comme base de circulation fiduciaire, une sécurité au moins égale à celle
de ces effets, et supérieure même, à cet égard, à celle des immeubles,
dont la convertibilité en espèces est, le plus souvent, longue et difficul-
tueuse.

Or, le numéraire, c'est-à-dire l'alliage métallique certifié par l'effigie du
souverain, n'est aujourd'hui rien moins qu'abondant dans le public. Notre
bon de loyer est créé pour permettre d'en aider et d'en attendre le retour
normal, en procurant, temporairement, une *monnaie* et un *crédit*, que,
dans les circonstances tout exceptionnelles que nous traversons, ne peuvent
fournir ni les entrepreneurs du quai de Conti, ni les banquiers de la rue
de la Vrillière.

Ce *bon*, essentiellement civil, ne peut avoir que quelques rapports de
formes avec le *billet* dont le droit d'émission appartient exclusivement à la
société privilégiée et commerciale de la Banque de France. — Au moins
aussi bien garanti que le billet de banque, le bon de loyer est, au fond,
une *obligation de payer*, à courte échéance, qui n'est autre chose, en défi-

nitive, que le *billet à intérêt*, dont l'introduction dans les échanges est si justement réclamée par des plus éminents économistes. — Et, il ne faut pas oublier que la somme des bons ne peut jamais excéder celle des loyers qu'ils représentent.

§. — Notre combinaison a son complément rationnel dans une satisfaction équivalente donnée aux débiteurs d'effets de commerce dont l'exigibilité, comme celle des loyers, a été reculée par plusieurs décrets successifs du Gouvernement provisoire : — par exemple : acquittement de la dette par fractions, de 90 en 90 jours, au moyen d'effets nouveaux, substitués aux échus dans la circulation commerciale, sans qu'il puisse en résulter le moindre trouble entre banquiers et commerçants ; — le crédit antérieur à l'investissement étant, bien entendu, maintenu relativement, afin de ne pas entraver la reprise du négoce.

Nul doute qu'à ce sujet également, interviendront d'amiables compositions entre de nombreux intéressés, et que, dans leur propre intérêt, les débiteurs s'empresseront de hâter leur libération.

§. — On peut objecter que, selon la *sagesse des nations*, « on ne prête » qu'aux riches, » — et que, d'un autre côté, sans être *pauvres*, il y aura des *nécessiteux* qui, vivant d'habitude au jour le jour, ne pourront jamais combler l'arriéré.

La situation de ces locataires est, en effet, particulièrement délicate et ne peut manquer d'être équitablement appréciée, non-seulement par le juge, s'il y a lieu de recourir à son autorité, mais d'abord par les propriétaires eux-mêmes qui, du reste, avaient loué en connaissance de cause.

Mais, déjà, les loyers de 400 francs, exonérés d'impôts, viennent d'être affranchis de là contribution de guerre. Or, à l'égard des locataires non pauvres, mais nécessiteux, jamais besoins plus sérieux ne se sont présentés qui justifiassent plus légitimement l'institution de crédit autorisée, le 1er mars 1850, dans chaque département, sous le titre de : *Banques de prêts d'honneur*, au profit des citoyens honnêtes et laborieux qu'une cause grave place momentanément dans un état de détresse. — Si cette œuvre philanthropique n'est pas seulement une généreuse utopie, jamais plus utile application, sous forme de prêts ou de garanties, n'en pourra être faite que dans les circonstances actuelles.

Il y aura bien aussi, d'ailleurs, à indemniser de nombreuses autres victimes de l'invasion allemande, à panser de bien plus douloureuses plaies :

la solidarité patriotique ne manquera pas d'inspirer, à cet égard, le cœur national.

§. — L'établissement du *Crédit locatif de Paris* a essentiellement le caractère d'une *institution d'intérêt général*.

Il doit être reconnu *à ce titre* par les pouvoirs publics.

Par suite, ses contrats doivent être affranchis de tous droits proportionnels d'enregistrement, quelqu'indications qu'ils contiennent au sujet des locations qui y sont énoncées ; et quant aux exécutions qu'il pourrait y avoir lieu de poursuivre, elles doivent être facilitées par une procédure simple et à peu de frais, comme celle du Crédit foncier pour ses annuités, ou celle du Trésor pour les impôts. — Enfin, la loi doit admettre que les bons de loyer seront reçus comme espèces, par tous les receveurs des deniers de l'État, en paiement des charges publiques, — ce qui sera une première et capitale consécration de la foi qui leur est due.

La confiance est la base nécessaire du crédit et, par conséquent, la base de la circulation de la monnaie fiduciaire.

La corruption impériale a exercé les plus profonds ravages ; mais elle n'a atteint le public qu'à la surface. On a été *entraîné* par l'exemple d'en haut ; mais, au fond, et sans nous faire meilleurs que nous ne sommes, nous valons mieux que nous n'en avons l'air. Nous sommes naturellement prédisposés à la confiance, et toute violation du droit et de la justice répugne à notre conscience : tels sont le cœur et l'esprit français. Et, Dieu merci ! l'effondrement social dont nous importunent certains publicistes ténébreux et couards, n'a rien de si menaçant ni de si épouvantable !

La France, aussi féconde que libérale, offrira toujours le plus vaste champ à l'esprit de spéculation et de progrès.

Confiance, confiance donc ! — Confiance générale et notre but sera bientôt et parfaitement atteint.

G. M